Male für jede Seite, die du bearbeitet hast, einen Stern aus!

Viel Freude!

W0352365

Die Geschichte der Schokolade

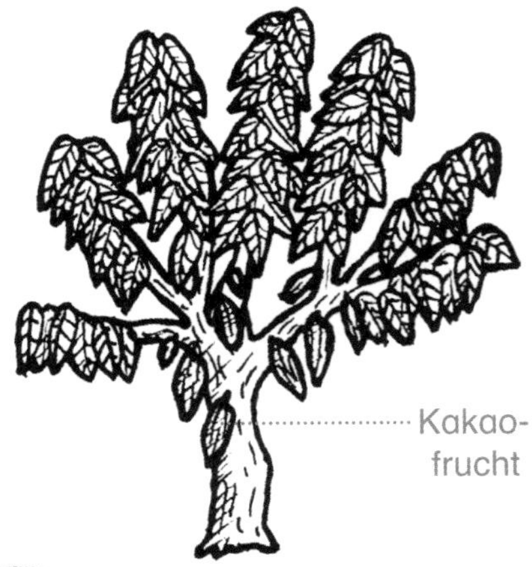

Vergleich Rugbyball und Kakaofrucht

Um Schokolade herzustellen, braucht man Kakao. Die Kakaobohnen findet man in der Kakaofrucht. Die Kakaofrucht hat eine harte, ledrige Schale, ist gelb-orange und wächst auf dem Kakaobaum. Der Kakaobaum kommt nur in den Regionen am Äquator vor, wo es das ganze Jahr gleichmäßig warm ist. Der Baum kann bis zu 15 m hoch werden. Die Kakaofrüchte haben die Form eines Rugbyballes, sind 15 bis 20 cm lang und wiegen etwa 500 g. Sie besitzen eine harte Schale. Im Innern der Frucht liegen, eingebettet in süßem, schleimigem Fruchtfleisch, 20 bis 60 Kakaobohnen. Dieses Fruchtfleisch wird „Fruchtpulpe“ genannt. Um eine Tafel Schokolade herzustellen, benötigt man die getrockneten und gerösteten Kakaobohnen einer Frucht.

Schokolade gibt es in vielen verschiedenen Formen und Geschmacksrichtungen. Zur Herstellung mischt man zu den gerösteten und gemahlenen Kakaobohnen noch Milch, Zucker und Kakaobutter. Kakaobutter ist das Fett aus den Kakaobohnen. Je mehr Kakao hineingemischt wird, desto dunkler und bitterer wird die Schokolade.

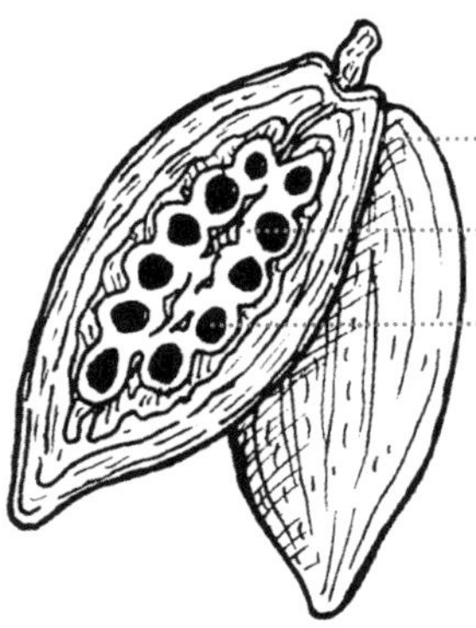

Kakaofrucht im Schnitt

Entdeckt wurde die Kakaobohne schon vor mehr als 4000 Jahren in Mittelamerika, im Gebiet des heutigen Mexiko, Guatemala und Honduras. Schon die Völker der Azteken und Mayas (zwei große Indianerstämme) bauten Kakaopflanzen an. Sie mischten ein Getränk aus gemahlenen Kakaobohnen, Chili und Pfeffer und nannten es „Xocolatl“. Der Name erinnert an den heutigen Namen „Schokolade“ und bedeutet „herbes, würziges Wasser“. Die Kakaobohne war ein wertvolles Gut. Sie war nicht nur ein Nahrungsmittel, sondern auch ein Zahlungsmittel. Das heißt, man konnte mit Kakaobohnen etwas kaufen oder tauschen.

Erst nach der Entdeckung Amerikas im Jahre 1492 durch Kolumbus kam ein spanischer Eroberer namens Hernando Cortez nach Mittelamerika und nahm ein paar Säcke der Kakaobohnen wieder mit zurück nach Spanien. Weder die Kakaobohnen noch das Getränk „Xocolatl“, das viel zu bitter war, schmeckten den Spaniern. Erst nach der Zugabe von Honig, Rohrzucker und Vanille begann der Erfolg der Kakaobohnen. Diese waren zunächst noch sehr teuer und konnten nur von Reichen und Adligen erworben werden. Die erste Tafel Schokolade wurde vor rund 175 Jahren in England produziert. Anfangs galt sie als Medizin und konnte nur in Apotheken gekauft werden. Es entstanden große Plantagen, um immer mehr Kakaobäume anzupflanzen. Leider wurden dafür auch große Gebiete der Regenwälder abgeholzt. Die getrockneten Kakaobohnen werden heute täglich tonnenweise in großen Säcken nach Europa und in die ganze Welt verschickt.

Kakaopflanzen wachsen in den Ländern, in denen es sehr arme Menschen gibt. Auf den Kakaoplantagen verdienen sie oft weniger Geld als die Arbeiter auf Kaffee- oder Bananenplantagen. Die Produkte werden weltweit an die reichen Länder verkauft. Viele dieser Bauern werden so schlecht bezahlt, dass es kaum möglich ist, eine Familie davon zu ernähren. Deshalb arbeiten häufig auch Kinder auf den Plantagen, obwohl Kinderarbeit weltweit verboten ist. Viele Kinder können deswegen auch keine Schule besuchen. Ebenso der Einsatz von Chemikalien, mit denen die Kakaopflanzen besprüht werden, ist eine Gefahr für die Arbeiter, da diese davon krank werden können. Aus diesem Grund sind verschiedene Organisationen gegründet worden, die den fairen Handel unterstützen, damit die Bauern mehr Lohn bekommen und ihre Kinder die Schule besuchen können. 1997 wurde die Organisation „Fairtrade“ gegründet und dieses Siegel dazu entwickelt.

FAIRTRADE ®

Faitrade-Siegel

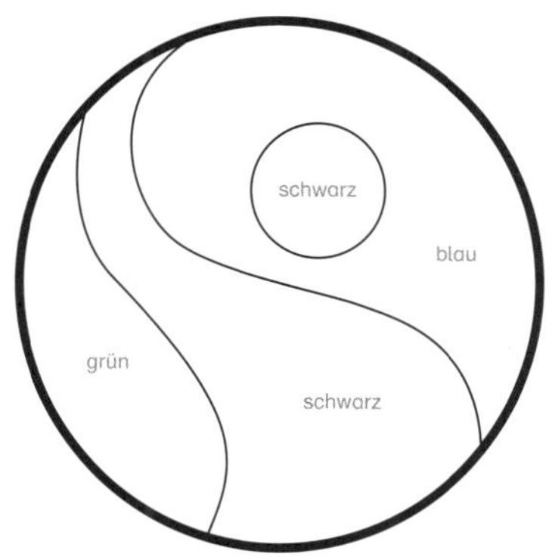

Male aus!

Das Siegel wird an Firmen vergeben, die ihre Waren fair handeln und sich an faire Regeln halten. Du kannst sie u. a. auf Produkten wie Kaffee, Tee, Schokolade, Kakao, Bananen, Orangensaft, Reis und Kleidungsstücken finden.

Wenn du dieses Symbol auf einem Produkt siehst, findest du dazu auch einen Code. Der Code verrät dir im Internet mehr über das Produkt und warum es dieses Symbol bekommen hat.

Beantworte nun die Fragen zum Text!

An diesen Stellen sollst du die entsprechende Zeile im Text finden und eintragen!

Wie groß ist die Kakaofrucht und wie sieht sie aus? Beschreibe!

____

____

____

____

____

____

____

Wo wachsen Kakaobäume? ______________________________

Wie nennt man das schleimige Fruchtfleisch? ____________________

Ist es ☐ süß oder ☐ sauer?

Wer baute schon vor 4000 Jahren diese Pflanze an?

____

Wer waren die Azteken und die Mayas?

Zeile 25 ______________________________________

Was ist „Xocolatl" und was heißt es?

____

Wofür benutzte man die Kakaobohne noch?

☐ Um Tiere zu füttern. ☐ Um etwas zu bezahlen. ☐ Um Feuer zu machen.

Wer brachte die Kakaobohne nach Europa?

Zeile ____________________

Auch die Europäer empfanden die Kakaobohne als sehr …

☐ saftig. ☐ bitter. ☐ süß.

Wo wurde die erste Tafel Schokolade hergestellt?

☐ Honduras ☐ Spanien ☐ Mexico ☐ England

Welche Hauptzutaten hat eine Tafel Schokolade?

____

Was geschah vor 175 Jahren?

____

____

Warum geht es den Bauern auf den Kakaoplantagen so schlecht?

____

____

____

____

____

____

____

Welche Organisation will dies verhindern?

Zeile ____________________

Magst du Schokolade? ☐ ja ☐ nein

Magst du auch bittere Schokolade? ☐ ja ☐ nein ☐ geht so

Zeichne das Fairtrade-Siegel!

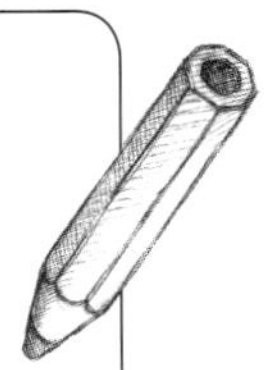

FAIRTRADE ®

Faitrade-Siegel

Biobananen mit dem Faitrade-Siegel

Was verrät der Code beim Fairtrade-Siegel?

____

Was kannst du für die Bauernfamilien auf den Plantagen tun?

____

☐ Schaue mal nach, ob ihr zu Hause ein Produkt mit diesem Siegel habt!

Welches hast du gefunden? ______________________________

☐ Frage deine Eltern, ob sie mit dir zusammen den Code im Internet eingeben!

Was hast du dort gesehen?

____

____

____

____

Beim Zahnarzt

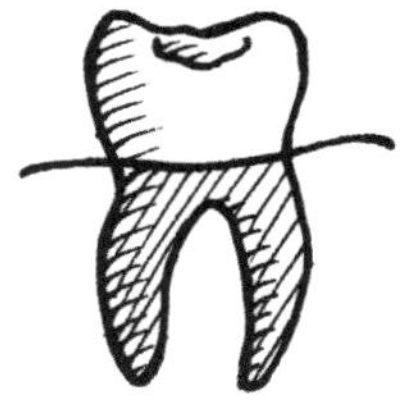

Lies die Wörter im Kasten und setze sie ein!

Hand	Becher	Zahnarzthelferin	Zahnarztpraxis
Mund	Füllung	Behandlungsstuhl	
Stunden	Spritze	~~Zahnschmerzen~~	Backenzahn
Termin	Loch	Wasser	

Seit gestern habe ich Zahnschmerzen.

Der rechte ____________________ tut mir weh. Ich rufe in der ____________________ an. Die Sprechstundenhilfe gibt mir einen ____________ für den Nachmittag. In der Praxis angekommen, bin ich sofort an der Reihe. Ich setze mich auf den ____________________.

Die ____________________ bindet mir ein Tuch um den Hals und befüllt einen ______________ mit Wasser. Dann kommt der Zahnarzt und ich öffne weit meinen ____________. Der Zahnarzt sieht ein kleines ________ im Backenzahn. Er fragt mich, ob ich eine ______________ zum Betäuben möchte oder nicht. Ich lehne ab und versuche, die Schmerzen auszuhalten, während er bohrt. Danach soll ich mit ______________ den Mund gründlich ausspülen. Der Zahnarzt macht eine weiße ____________ in das Loch. Er fragt mich, ob es sich gut anfühlt. Ich bin zufrieden.

Der Zahnarzt gibt mir die ____________ und verabschiedet sich von mir.

Die Zahnarzthelferin erklärt mir nochmal, wie ich meine Zähne richtig putze und sagt mir, dass ich zwei ________________ nichts essen darf.

Dann gehe ich nach Hause.

Astrid Lindgren

Astrid Lindgren

Astrid Lindgren ist eine der bekanntesten Kinderbuchautorinnen, die es gibt. Vielleicht ist sie sogar die Beste. Astrid Lindgren wurde am 14. November 1907 in Näs geboren. Näs ist ein Hof und liegt am Rande der Kleinstadt Vimmerby in Småland in Schweden. Geboren wurde sie mit dem vollen Namen Astrid Anna Emilia Ericsson. Mit ihren drei Geschwistern verbrachte sie eine schöne Kindheit. Sie durften fast überall spielen und erfanden ständig neue Spiele. Diese Spiele, wie zum Beispiel „Den Boden nicht berühren", beschrieb Astrid Lindgren später in ihren Büchern. Astrid war eine sehr begabte Schülerin. Schon als Schulkind schrieb sie auffallend gute Aufsätze und konnte schön erzählen. Nach ihrer Schulzeit machte sie eine Ausbildung zur Sekretärin. Mit 18 Jahren wurde sie von einem Mann schwanger, den sie nicht heiraten und mit dem sie auch nicht zusammenleben wollte. Das war zur damaligen Zeit ein Skandal. Ihr Sohn Lars kam zu einer Pflegefamilie. Astrid versuchte, ihn so oft wie möglich zu besuchen.

Sie arbeitete als Sekretärin im „Königlichen Automobil-Club" Schwedens. Dort lernte sie auch ihren zukünftigen Mann Sture Lindgren kennen. 1931 heirateten sie und Astrid hieß seitdem Astrid Anna Emilia Lindgren. Ihr Sohn Lars wohnte nun wieder bei ihr. Drei Jahre später bekam sie ein Mädchen namens Karin. Die folgende Zeit genoss Astrid sehr. Sie spielte mit ihren Kindern und erzählte ihnen tolle Geschichten. Zum zehnten Geburtstag bekam Karin von ihrer Mutter die Geschichte „Pippi Langstrumpf" geschenkt. Diese Geschichte schickte Astrid auch an einen Buchverlag. Der Buchverlag wollte „Pippi Langstrumpf" aber nicht als Buch zu drucken. Zwölf Monate später, im Jahr 1945, druckte ein anderer Verlag dieses Buch und es begeisterte viele Leser. Das war vor ungefähr 75 Jahren ihr erster Erfolg als Schriftstellerin.

Das Buch „Pippi Langstrumpf" wurde in mehr als 80 Sprachen übersetzt. Kinder auf der ganzen Welt lieben und lesen es noch heute. Astrid schrieb in ihrem Leben mehr als 40 Bücher.

Welche Bücher von Astrid Lindgren kennst du?

- ☐ Michel aus Lönneberga
- ☐ Karlsson vom Dach
- ☐ Rasmus und der Landstreicher
- ☐ Ronja Räubertochter
- ☐ Mio, mein Mio
- ☐ Wir Kinder aus Bullerbü
- ☐ Im Wald sind keine Räuber
- ☐ Kalle Blomquist
- ☐ Die Brüder Löwenherz
- ☐ Madita
- ☐ Ferien auf Saltkrokan
- ☐ Pippi Langstrumpf
- ☐ Die Kinder aus der Krachmacherstraße
- ☐ Tomte Tummetott
- ☐ Als der Bäckhultbauer in die Stadt fuhr
- ☐ Sammelaugust und andere Kinder
- ☐ Im Land der Dämmerung
- ☐ Ich will auch Geschwister haben

Pippi Langstrumpf
Eines der bekanntesten Bücher von Astrid Lindgren

Viele ihrer Bücher wurden auch verfilmt. Für ihre Bücher erhielt sie zahlreiche Preise und Auszeichnungen.

Astrid Lindgren schrieb aber nicht nur Bücher, sondern setzte sich auch sehr für Kinderrechte und den Tierschutz ein. Sie kämpfte dafür, dass Tiere nicht in zu kleinen Käfigen gehalten werden. In ihren letzten Lebensjahren war sie fast blind und schrieb keine Bücher mehr. „Ronja Räubertochter“ war der letzte Roman, den sie 1981 verfasste.
Im Jahr 2002 starb Astrid Lindgren im Alter von 94 Jahren in Stockholm.

Beantworte nun die Fragen zum Text!

An diesen Stellen sollst du die entsprechende Zeile im Text finden und eintragen!

Wo und wann wurde Astrid Lindgren geboren?

Zeile ______________________________

Wie lautete ihr voller Name?

____

Wie viele Geschwister hatte sie? Zeile ______________________________

Verlebte sie eine schöne Kindheit? ☐ ja ☐ nein

War Astrid eine gute Schülerin? ☐ ja ☐ nein

Was konnte sie besonders gut? ______________________________

Was machte sie nach der Schulzeit?

____

Wie hieß ihr Sohn? Zeile ______________________________

Blieb ihr Sohn in den ersten Lebensjahren bei ihr? ☐ ja ☐ nein

Wo lebte ihr Sohn? ______________________________

Wen heiratete sie 1931? ______________________________

Wie hieß das gemeinsame Kind? ______________________________

Schreibe mindestens fünf ihrer bekannten Bücher auf!

____

____

____

____

____

Wofür setzte sich Astrid Lindgren noch ein?

____

Wann und wo starb Astrid Lindgren?

____

Stockholm ist die Hauptstadt von …

☐ Norwegen ☐ Finland ☐ Schweden

Male ein Bild zu einem ihrer Bücher!

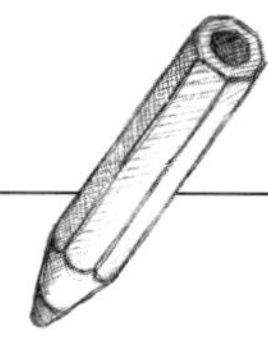

Zungenbrecher

Ein Zungenbrecher ist ein Satz, der schwierig auszusprechen ist.

Lies jeden Zungenbrecher fünfmal!
Beginne langsam und werde dann schneller!

- Am zehnten Zehnten zehn Uhr zehn zogen zehn zahme Ziegen zehn Zentner Zucker zum Zoo.

☐ Male das Bild an!

- Fischers Fritze fischt frische Fische, frische Fische fischt Fischers Fritze.
- Blaukraut bleibt Blaukraut und Brautkleid bleibt Brautkleid.
- Zwischen zwei Zwetschgenzweigen sitzen zwei zwitschernde Schwalben.
- In Ulm, um Ulm und um Ulm herum.
- Die Katze tritt die Treppe krumm.
- Fünf Ferkel fressen frisches Futter.

Weißt du es?

Wie viel Kilogramm sind ein Zentner?

Wie viel Kilogramm sind dann zehn Zentner?

Was ist Blaukraut? Kennst du ein anderes Wort dafür?

Was sind Zwetschgen? Kennst du ein anderes Wort dafür?

Was ist Ulm?

Schreibe nun fehlerfrei drei der Zungenbrecher ab!

Lösung: Ein Zentner = 50 Kilogramm, Zehn Zentner = 500 Kilogramm, Rotkohl, Pflaumen, Eine Stadt in Süddeutschland

Weißt du die Antwort?

Wer sind Oma und Opa? Deine Großeltern

Was kommt oft vor dem Donner? ______________

Kleine Wildschweine nennt man ______________ .

Ein kleines Pferd ist ein ______________ .

Im Sommer isst man gerne ein ______________ .

Eine Violinenennt man auch ______________ .

Ein lustiger Mann im Zirkus heißt ______________ .

Eine kleine Stadt ist ein ______________ .

Der dritte Monat im Jahr heißt ______________ .

Eine große Tür ist ein ______________ .

Der fünfte Wochentag ist der ______________ .

Das Zimmer, wo gekocht wird, heißt ______________ .

Die Tochter meiner Schwester ist meine ______________ .

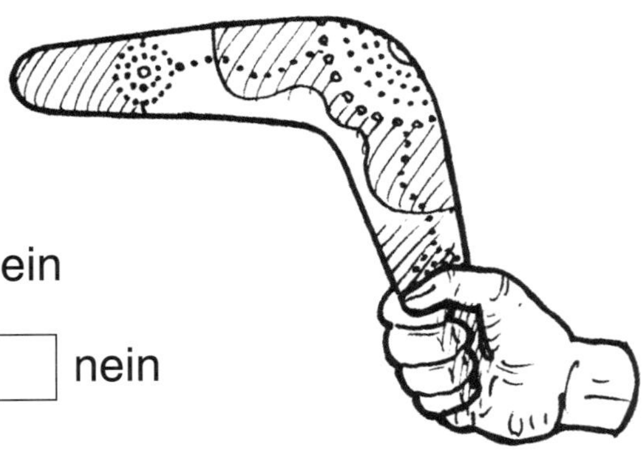

Weißt du, was ein Boomerang ist? ☐ ja ☐ nein

Hast du schon einmal einen geworfen? ☐ ja ☐ nein

Was ist das Besondere an einem Boomerang?

____

____

____

Lies!

- ~~Man ist verrückt.~~
- Man macht keine Unterschiede.
- Man geht los.
- Man sagt, es passiert etwas Schlimmes.
- Man läuft davon.
- Man zeigt jemandem, wie man etwas macht.
- Man vertauscht die Rollen.
- Man ist verliebt.

Welche Bedeutungen haben diese Redensarten? Setze die Bedeutungen aus dem Kasten richtig ein!

„Man hat einen Vogel“ bedeutet:

Man ist verrückt.

„Man ist verknallt“ bedeutet:

____

„Man macht sich auf die Socken“ bedeutet:

____

„Man macht sich aus dem Staub“ bedeutet:

____

„Man dreht den Spieß herum“ bedeutet:

____

„Man wirft alles in einen Topf“ bedeutet:

____

„Man malt den Teufel an die Wand“ bedeutet:

____

„Man hilft jemandem auf die Sprünge“ bedeutet:

____

Elche

☐ **Lies den Text über Elche!**

☐ **Lies eine Zeile, merke sie dir, decke diese ab und schreibe die Zeile fehlerfrei daneben! Kontrolliere anschließend!**

Elche gehören zur Familie der Hirsche. Es sind die größten heute noch lebenden Hirsche. Elche können eine Schulterhöhe von über zwei Metern, eine Länge von drei Metern und ein Körpergewicht von 500 Kilogramm erreichen. Die Weibchen sind kleiner als die Männchen. Elchbullen tragen ein sehr großes schaufelartiges Geweih mit großen Zacken. Es kann bis zu 20 Kilogramm schwer werden und eine Spannweite von bis zu zwei Metern erreichen. Die Schaufeln des Geweihs werden jedes Jahr abgeworfen und wachsen bis zum Herbst nach. Der Elch hat eine überhängende Oberlippe, die Muffel genannt wird. Der Schwanz ist kurz und klein. Elche sind Paarhufer, das heißt, ihre Hufe bestehen aus zwei Teilen. Dazwischen befindet sich Haut. Mit diesen besonderen Hufen können sie sich auf sumpfigem Boden gut fortbewegen und sinken nicht ein.

Elchhuf von unten

Elchspuren im Schnee

Hast du schon einmal einen Elch gesehen? ☐ ja ☐ nein

Wenn ja, wo war das? ____________________

Elche leben in Wäldern mit Seen in kühlen, sumpfigen Gebieten. Sie leben im Norden von Europa, Nordamerika und Nordasien. Elche fressen Blätter, Baumrinde, Moose und mit Vorliebe Knospen und junge Triebe der Bäume.

An diesen Stellen sollst du die entsprechende Zeile im Text finden und eintragen!

Beantworte nun die Fragen zum Text!

Wie groß und schwer können Elche werden?

Wo leben Elche?

Zeile

Notiere, was du alles über das Geweih des Elches weißt!

Was ist der „Muffel“?

Zeile

Zeichne den Hufabdruck eines Elches!

Was macht ihn so besonders?

Was fressen Elche?

Kennst du diese Redewendungen?

1 Ohne Fleiß kein Preis ☐ ja ☐ nein

2 Alles für die Katz ☐ ja ☐ nein

3 Lügen haben kurze Beine. ☐ ja ☐ nein

4 Jemand hat ein Brett vor dem Kopf. ☐ ja ☐ nein

5 Erst die Arbeit, dann das Vergnügen ☐ ja ☐ nein

6 Sauer macht lustig. ☐ ja ☐ nein

7 Hier ist der Bär los. ☐ ja ☐ nein

8 Jemandem ist eine Laus über die Leber gelaufen. ☐ ja ☐ nein

9 Kein Blatt vor den Mund nehmen ☐ ja ☐ nein

10 Jemandem die Daumen drücken ☐ ja ☐ nein

Ordne nun die Erklärungen den Redewendungen zu!

[9] Jemand sagt, was er denkt – sagt offen seine Meinung.

☐ Man soll erst arbeiten und dann Spaß haben.

☐ Jemand ist wütend und verärgert oder in schlechter Stimmung.

☐ Um etwas zu erreichen, muss man fleißig sein.

☐ Jemand versteht etwas nicht sofort – begriffsstutzig.

☐ Die Mühe hat sich nicht gelohnt.

☐ Mit Lügen kommt man nicht weit – die Wahrheit kommt immer heraus.

☐ Hier ist viel los.

☐ An jemanden denken und ihm Glück wünschen

☐ Wenn man etwas Saures isst, bekommt man gute Laune.

Was fehlt?

Ergänze das fehlende Wort!

Hahn, Huhn, Küken ______________________

Zeichne das Küken!

nie, selten, oft, ______________________

vorgestern, ______________________, heute, morgen, ______________________

Frühling, ______________________, Herbst, ______________________

rechts, links, ______________________, rückwärts

Mai, ______________________, Juli, August

Säugling, Baby, ______________________, Jugendlicher, Erwachsener

morgens, mittags, ______________________, nachts

zehn, dreißig, ______________________, siebzig

gelb – ______________________ – blau – schwarz

Butter, ______________________, Eier, Mehl

Donnerstag, ______________________, Samstag, Sonntag

Q, R, S, __________, U, V

Osten, Süden, ______________________, Norden

2, 4, 8, 16, __________, 64

Kennst du ein weißes Kätzchen,
ganz ohne Schwanz und Tätzchen,
das niemals fängt 'ne Maus
und immer bleibt zuhaus'?
Das niemals schnurrt
und niemals knurrt,
doch summt von tausend Bienen,
die sich bei ihm bedienen?

Lösung: ______________________________

Wer legt Eier und baut kein Nest? ______________________

Feriencamp Ostsee vom 30.6.2023 – 2.7.2023

Für 6- bis 12-Jährige

Unser Ferienprogramm

Fr, 30.6.2023	Sa, 1.7.2023	So, 2.7.2023
9.00 Uhr **Frühstück**	9.00 Uhr **Frühstück**	9.00 Uhr **Frühstück**
9.30 Uhr **Tennis für Anfänger**	9.30 Uhr **Tischtennis für Fortgeschrittene**	9.30 Uhr **Abfahrt zur Badelandschaft** Lunchpakete mitnehmen!
12.00 Uhr **Mittagessen**	12.00 Uhr **Mittagessen**	—
13.00 Uhr **Linolschnitt für Kinder** ab 12 Jahre oder **Kartoffeldruck**	13.00 Uhr **Wanderung zum Leuchtturm** Feste Schuhe mitnehmen!	13.30 Uhr **Zeit zur freien Verfügung**
16.00 Uhr **Waffeln backen**	16.00 Uhr **Großes Fußballturnier** Bitte in die Liste eintragen!	16.00 Uhr **Koffer packen**
18.30 Uhr **Abendessen**	18.30 Uhr **Abendessen**	17.15 Uhr **Abreise**
20.15 Uhr **Kino** „Tom Sawyer und Huckleberry Finn" USA 1968, nach Mark Twain	20.15 Uhr **Disco** für Kinder ab 10 Jahre	

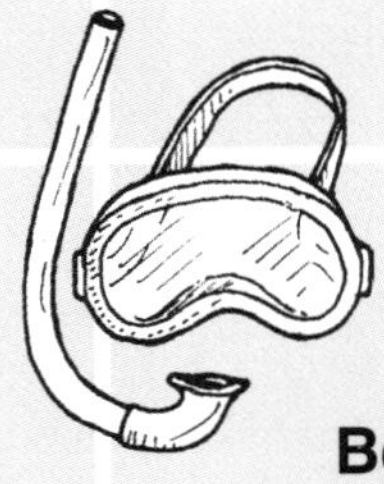

☐ Male die Bilder an!

Beantworte nun die Fragen zum Ferienprogramm! Schreibe, wenn möglich, ganze Antwortsätze!

Dürfen alle Kinder zur Disco? ☐ ja ☐ nein

Wer darf mit zu diesem Feriencamp?

___

Wo liegt das Feriencamp? ☐ Nordsee ☐ Erzgebirge ☐ Ostsee

Welcher Wochentag war der 1.7.2023?

___

Wie oft gibt es Mittagessen im Feriencamp?

___

Warum gibt es am 2.7.2023 dort kein Mittagessen?

___

Was sollen die Kinder am Freitag ab 16 Uhr tun?

___

Wer hat das Buch zum Film „Tom Sawyer und Huckleberry Finn“ geschrieben?

___

Kennst du die Geschichte der beiden Lausbuben? ☐ ja ☐ nein

Wer darf Linolschnitt machen?

___

Wann treffen sich „gute“ Tischtennisspieler?

___

Wann können die Kinder Tennis spielen?

___

Was sollen die Kinder zur Wanderung mitnehmen?

___

Wann haben die Kinder zweieinhalb Stunden Freizeit?

___

Wolfgang Amadeus Mozart

Mozart
(nach einem Gemälde von Barbara Krafft)

Wolfgang Amadeus Mozart gehört zu den berühmtesten Komponisten der Welt. Geboren wurde er als siebtes Kind am 27. Januar 1756 in Salzburg in Österreich, also vor gut 270 Jahren. Eigentlich hieß er Joannes Chrysostomus Wolfgangus Theophilus Mozart. Seine Familie nannte ihn „Wolferl“. Bis zu seinem 17. Lebensjahr wohnte er in seinem Geburtshaus in der Getreidegasse 9 in Salzburg.

Familie

Sein Vater, Leopold Mozart, stammte aus Augsburg und arbeitete als Komponist und Geiger für den Fürsterzbischof von Salzburg. Die Mutter Anna Maria stammte aus St. Gilgen am Wolfgangsee. Sie brachte sieben Kinder zur Welt, aber nur Wolfgang und seine jüngste Schwester Maria Anna, genannt „Nannerl“, überlebten. Maria Anna galt genau wie Wolfgang als ein musikalisches Wunderkind. Ihr Vater war der Manager seiner beiden Wunderkinder.

Kindheit und Ausbildung

Beide Kinder spielten schon mit vier Jahren Klavier. Wolfgang lernte dazu noch Geige und das Komponieren. Das heißt, er erfand selbst Musikstücke. Wolfgang besaß ein besonders gutes Gehör und ein außerordentliches musikalisches Gedächnis. Schon nach einmaligem Hören konnte er auch lange Musikstücke nachspielen. Der Vater unternahm mit seinen Kindern viele Konzertreisen durch ganz Europa. Dadurch konnten die beiden die Schule nicht besuchen. So lehrte der Vater sie Rechnen, Schreiben und Lesen.

Mozart im Alter von acht Jahren
(nach einem Gemälde von Jean-Baptiste Greuze)

Mit zehn Jahren erkrankte Mozart schwer. Er bekam Typhus und im Anschluss noch die Pocken. Beides sind Krankheiten, an denen man damals hätte sterben können. Heute gelten diese Krankheiten als nahezu ausgerottet. Mozart aber überlebte und gab weiterhin große Konzerte. Als er 25 Jahre alt war, starb seine Mutter. Er ging nach Wien. Wien war für ihn eine wichtige Stadt, da sich dort viele Leute für Musik interessierten und wohlhabend waren. Doch Mozart war sehr verschwenderisch mit seinem verdienten Geld. Im Jahr 1782 heiratete Mozart Constanze Weber. Sie bekamen sechs Kinder, von denen aber nur zwei überlebten. Die Ehe zwischen Mozart und Constanze soll sehr glücklich gewesen sein.

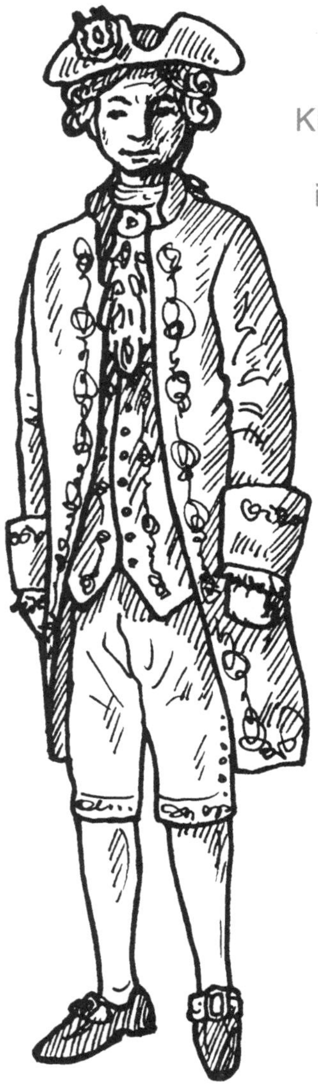

Kleidung der Männer im 18. Jahrhundert

Aussehen und Charakter

Die vorhandenen Bilder von Mozart zeigen ihn als einen Mann mit blonden Haaren. Er war mit ca. 1,50 m eher klein. Die Kleidung entsprach der damaligen Zeit. Auch Männer trugen Perücken mit einer Schleife am Zopf. Noch heute sagt man dazu „Mozartzopf“. Zudem reichten ihre Hosen nur bis zum Knie und sie trugen seidene Strümpfe. Die Frauen trugen ausladende Kleider mit Reifröcken. Aus noch heute erhaltenen Briefen von Mozart weiß man, dass er Humor hatte. Er schrieb in seinem Leben über 600 Musikstücke, die weltweit bekannt wurden. Die berühmtesten sind „Die Zauberflöte“ und „Eine kleine Nachtmusik“. Seine letzte Komposition war ein Requiem. Ein Requiem ist ein Musikstück für Verstorbene. Mozart hat es nicht mehr zu Ende geschrieben. Das tat später einer seiner Schüler. Mozart starb schon im Alter von 36 Jahren an einer unheilbaren Krankheit im Jahre 1791. Zur Beerdigung kamen nicht viele Menschen, da sie Angst hatten, sich an der Krankheit anzustecken. Heute kann man sein Geburtshaus in Salzburg und das dortige Museum besichtigen.

Beantworte nun die Fragen zum Text! Schreibe, wenn möglich, ganze Antwortsätze! Notiere, in welcher Zeile du die Antwort gefunden hast!

Wann und wo wurde Mozart geboren?

Zeile ______________________________

____

Berichte von seinem Vater, seiner Mutter und seinen Geschwistern!

____

____

____

Als was galten Wolfgang und Maria Anna?

Zeile ______________________________

Wie lauteten die Spitznamen der beiden Mozartkinder?

____

____

Welches Instrument lernten beide Kinder?

Zeile ______________________________

____

Wolfgang lernte zudem noch ______________________________

und das ______________________________.

Gingen die beiden Kinder regelmäßig zur Schule?

____

____

Was geschah, als Mozart zehn Jahre alt war?

Zeile ______________________________

____

Wohin zog er mit 25 Jahren und warum?

Was hast du über Mozarts Ehe erfahren?

Wie sahen die Menschen zur damaligen Zeit aus? Beschreibe sie!

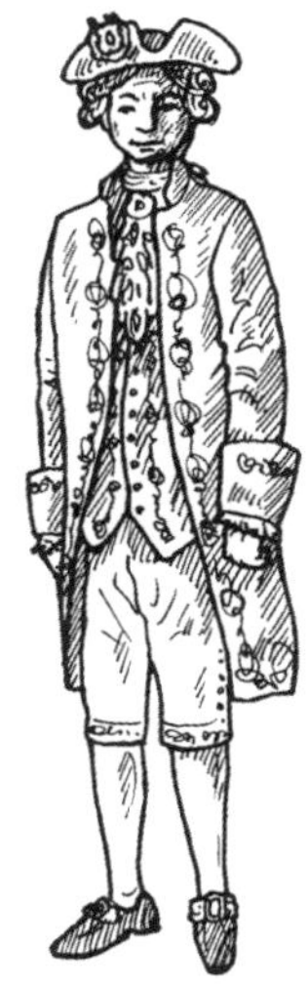

Wie alt wurde Mozart?

Zeile

Wie heißen seine berühmtesten Musikstücke?

Zeile

Was ist ein Requiem?

Warst du schon einmal in Salzburg und hast dir das Geburtshaus von Mozart angeschaut? ☐ ja ☐ nein

Hast du schon einmal das Stück „Eine kleine Nachtmusik“ oder „Die Zauberflöte“ gehört? ☐ ja ☐ nein

☐ Versuche, zu Hause oder bei Freunden das Stück „Eine kleine Nachtmusik“ zu hören. Mozart hat es damals für Kinder geschrieben. Es ist ein sehr schönes Musikstück.

Informationen einem Diagramm entnehmen

Die Schulcafeteria möchte Pausensnacks anbieten. Sie befragt alle Schüler der fünften und sechsten Klassen.

Die Klasse 5a gibt dieses Diagramm ab.

Wir haben abgestimmt: Klasse 5a

Pausensnack	Anzahl
belegtes Vollkornbrot	 𝍸 II
Apfel 	𝍸
zwei Möhren	 𝍸 I
Joghurt 	𝍸 III

Wie viele Kinder der Klasse 5a haben eine Stimme abgegeben? ☐ Kinder

Wie viele Kinder wünschen sich einen Joghurt als Pausensnack? ☐ Kinder

Belegte Vollkornbrote werden von ☐ Kindern gewünscht.

Was wird am wenigsten gewünscht?

____

Die Klasse 5b gibt dieses Diagramm ab.

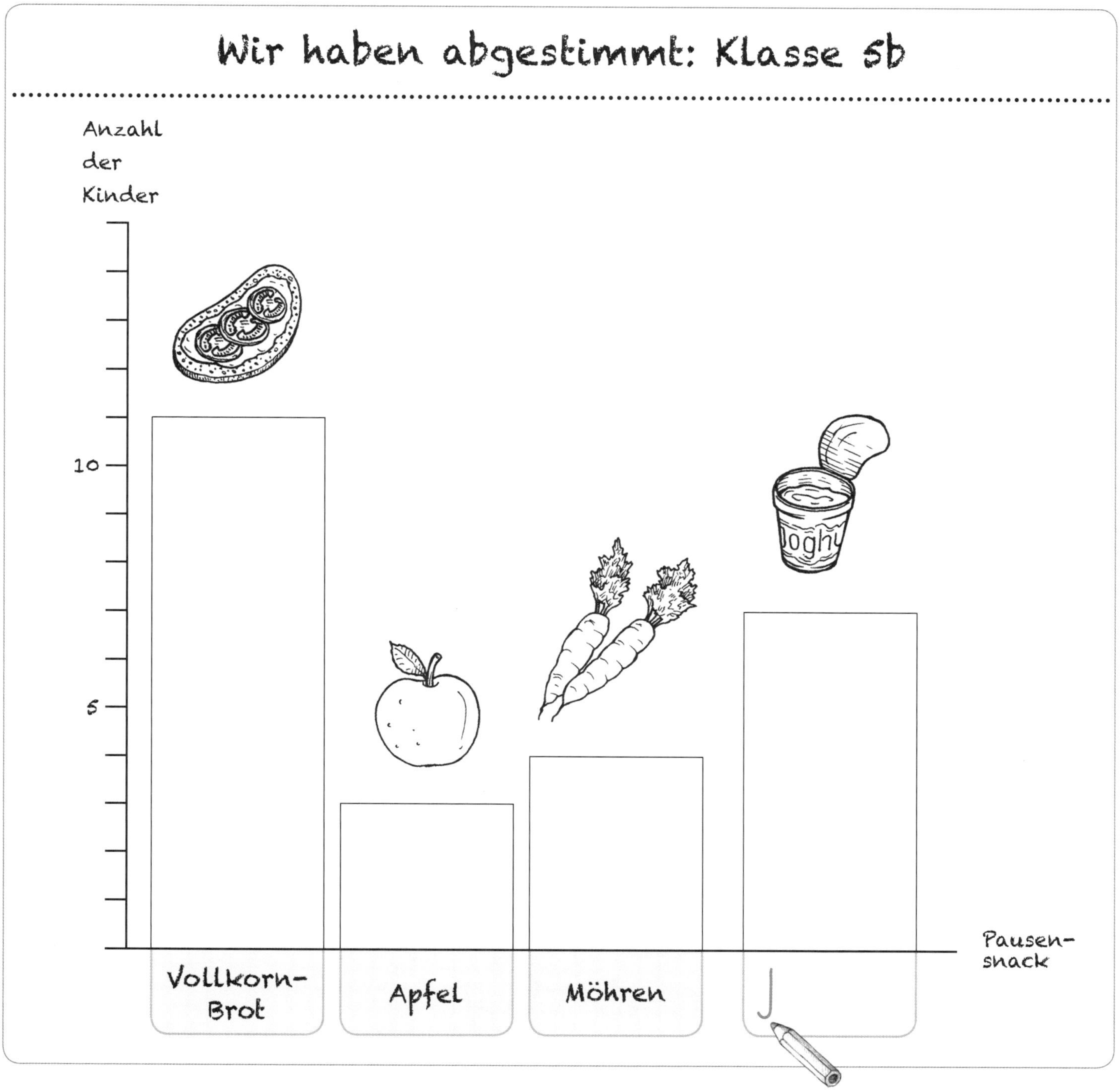

Ergänze den fehlenden Snack! ☐ Male das Obst und das Gemüse an!

Welchen Snack bevorzugen die meisten Kinder? ____________________

Wie viele Kinder wählen diesen Pausensnack? ☐ Kinder

Wie viele Kinder wollen einen Apfel als Pausensnack? ☐ Kinder

Möhren werden von ☐ Kindern gewünscht.

Welches Wort passt nicht in die Reihe?

Streiche es durch!

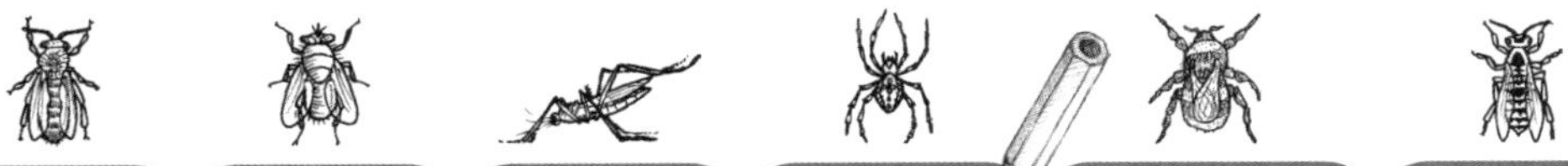

Biene | Fliege | Mücke | ~~Spinne~~ | Hummel | Wespe

Rose | Tulpe | Blumenerde | Osterglocke | Veilchen

Winter | Herbst | Kälte | Frühling | Sommer

Eiche | Fichte | Buche | Baum | Birke | Kiefer

Geografie | Chemie | Physik | Pause | Kunst | Sport

Huhn | Hahn | Glucke | Kälbchen | Henne

Spanien | Frankreich | Deutschland | Bayern | Dänemark

Köln | München | Bonn | Berlin | Niedersachsen | Hannover

schwarz | rot | gelb | groß | grün | blau

Fink | Amsel | Ameise | Drossel | Star | Spatz

Dackel | Golden Retriever | Bernhardiner | Dame | Dobermann

Bauernhof | Stroh | Murmel | Schubkarre | Eimer

essen | trinken | schlafen | spielen | atmen

Füller | Bleistift | Pinsel | Kugelschreiber

Kreis | Quadrat | Rechteck | Lineal | Dreieck

Schokolade | Lolli | Lakritz | Fisch

Kuchen | Kirsche | Apfel | Birne | Pflaume

Stuhl | Bett | Sofa | Haus | Tisch

Messer | Gabel | Teller | Löffel | Suppenkelle

Welche Wörter gehören zusammen?

Trage ein!

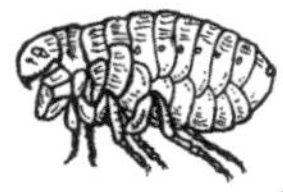

Elefant	groß	klein	Floh
Gabel	essen		Tasse
Boot	schwimmen		Flugzeug
Birne	Obst		Blumenkohl
Nacht	dunkel		Tag
Teller	Geschirr		Gabel
Buch	lesen		Musik
Feder	leicht		Stein
Amsel	Vogel		Forelle
Kreis	rund		Quadrat
Mutter	Tochter		Vater
Neffe	Nichte		Onkel
Fuß	Zehe		Hand
Ohr	hören		Auge
Pilze	braten		Nudeln

Finde das Gegenteil!

die	Kälte	die	Wärme
das	Ende	der	A
der	Erfolg	der	
die	Gesundheit	die	

die	Braut	der	
der	Bruder	die	
die	Abfahrt	die	
die	Hinfahrt	die	
der	Eingang	der	
der	Abend	der	
die	Stärke	die	
der	Vormittag	der	
die	Ebbe	die	

sauer	
weich	

rund	eckig 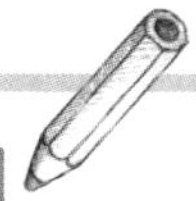
schwarz	

schnell	
leise	
arm	
voll	
dick	
alt	
kalt	
niedrig	
richtig	

schwer	
gut	
sauber	
krumm	

Ein Männlein steht im Walde

Von August Heinrich Hoffmann von Fallersleben

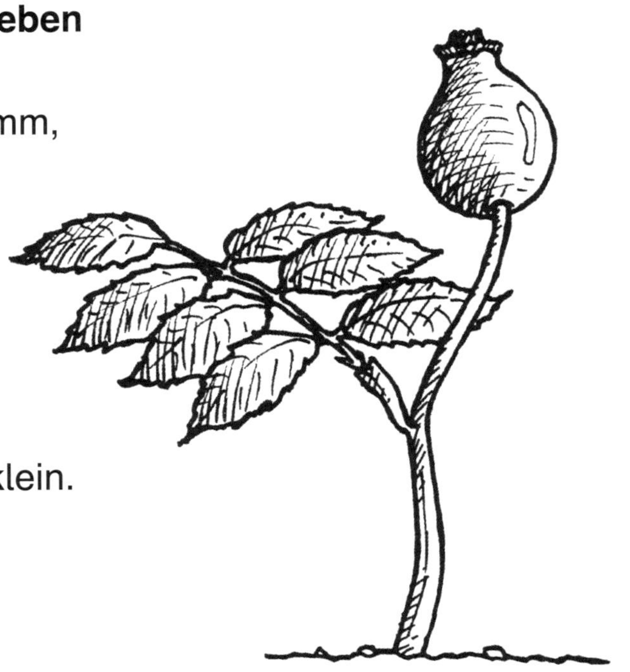

Ein Männlein steht im Walde ganz still und stumm,
es hat von lauter Purpur ein Mäntlein um.
Sagt, wer mag das Männlein sein,
das da steht im Wald allein
mit dem purpurroten Mäntelein.

Das Männlein steht im Walde auf einem Bein
und hat auf seinem Haupte schwarz Käpplein klein.
Sagt, wer mag das Männlein sein,
das da steht im Wald allein
mit dem kleinen schwarzen Käppelein?

Schreibe das Gedicht Zeile für Zeile ab!

Kennst du die Lösung? ☐ ja ☐ nein

Wenn ja, schreibe sie auf! ____________________

Redewendungen

☐ Male die Bilder an!

Setze die passenden Wörter in die Lücken der Redewendungen!

Zwillinge gleichen sich wie ein Ei dem anderen.

Das ist doch klar wie ____________________.

Nun spiel doch nicht die beleidigte ____________________.

Lass dich von dem nicht in die ____________________ hauen.

Bei dir sieht es aus wie ____________________ und Rüben.

Du sollst nicht immer deinen ____________________ dazugeben.

So günstig! Ich habe es für ’n ____________________ und ’n Ei bekommen.

Gehe doch hin, wo der ____________________ wächst!

☐ Schaue dir die Lösungswörter noch einmal an!

Es sind alles ____________________.

Wilma Rudolph

Wilma Rudolph 1960

Wilma Rudolph wird am 23. Juni 1940 als 17. von insgesamt 19 Kindern in St. Bethlehem im US-Bundesstaat Tennessee geboren. Ihre Mutter Blanck arbeitet als Hausfrau bei einer hellhäutigen Familie. Ihr Vater ist als Gepäckträger bei der Eisenbahn angestellt. Wilma und ihre Familie sind dunkelhäutig. Leider werden in der damaligen Zeit dunkelhäutige Menschen sehr benachteiligt. Sie besitzen nicht die gleichen Rechte wie die hellhäutigen Menschen. Als Vierjährige erkrankt Wilma an einer Lungenentzündung und später auch lebensgefährlich an Scharlach. Außerdem leidet sie seit dieser Zeit an Kinderlähmung. Dies ist eine Krankheit, die in der damaligen Zeit häufiger auftritt als heutzutage. Wilmas linkes Bein und linker Fuß sind dadurch gelähmt. Sie muss an Krücken laufen. Ihre Familie tut alles Erdenkliche, um ihr zu helfen. Die Mutter reist mit ihr zu weit entfernten Ärzten. In der damaligen Zeit dürfen dunkelhäutige Menschen nicht von hellhäutigen Menschen behandelt werden. Ihre Eltern und Geschwister massieren ihr Bein täglich und geben die Hoffnung nicht auf, dass Wilma wieder laufen wird. Mit elf Jahren ist Wilma geheilt und kann wieder gehen. Sie erlernt das Basketballspielen und wird eine der besten Basketballspielerinnen in Tennessee. Ihr Trainer Ed Temple erkennt ihre Laufbegabung. Von nun an trainiert sie in der Leichtathletik. Schon fünf Jahre später gewinnt Wilma Rudolph bei den Olympischen Spielen in Melbourne/ Australien die Bronzemedaille mit der 4 x 100-Meter-Staffel. Sie ist erst 16 Jahre alst. Kurz darauf läuft sie 100 Meter in 11,7 Sekunden und 200 Meter in 24,2 Sekunden. 1960 ist sie die erste Frau, die über 200 Meter weniger als 23 Sekunden braucht. Bei den Olympischen Spielen 1960 in Rom holt sie als erste Amerikanerin in drei Disziplinen (100 Meter, 200 Meter und 4 x 100-Meter-Staffel) drei Goldmedaillen.

Die 100 Meter läuft sie in 11,0 Sekunden mit fast drei Metern Vorsprung vor der nächsten Läuferin. Über 200 Meter siegt sie gegen die Deutsche Jutta Heine in 24,0 Sekunden.

Bei der amerikanischen 4 x 100-Meter-Staffel läuft sie als Schlussläuferin und holt den Sieg. Wilma bekommt den Beinamen „Gazelle“, weil ihr Laufstil so grazil und schön aussieht wie der einer Gazelle.

Ein Zeitungsreporter beschreibt ihren Lauf von damals so:

Die Gazelle

Als die sechs Läuferinnen ihre Startblöcke fertig machten, da waren alle Augen nur auf Wilma Rudolph gerichtet. Sie selbst stand unruhig, aber keinesfalls nervös am Start. Wenn man aus einer Familie mit neunzehn Kindern kommt, kann einen so leicht nichts mehr erschüttern. Und als nach dem zweiten Versuch der Start gelang, da erlebten 80 000 einen Lauf von so einmaliger Schönheit und Harmonie, dass ihnen der Atem wegblieb. Sie lief nicht, sie flog über die Bahn, wie ein Schmetterling, eine Gazelle – was sollen die Vergleiche, wo Worte nicht mehr ausdrücken können, was das Auge gesehen hat. Wer je gesagt hat, Leistungssport mache Frauen hässlich – hier wurde er vom Gegenteil überzeugt. Wilma Rudolph ist auch sonst eine Schönheit. Sie hat ein hübsches, freches Gesicht, eine wundervolle Figur und jene herrliche Lässigkeit, die wir von den amerikanischen Männern erwartet hatten …

Wilma Rudolph studiert zu dieser Zeit und wird Lehrerin und Leichtathletiktrainerin. 1977 schreibt sie eine Autobiographie – ein Buch über ihr eigenes Leben. Ihr Leben wird auch verfilmt. Wilma Rudolph bekommt vier Kinder, zwei Söhne und zwei Töchter. Sie setzt sich für benachteiligte Kinder und Jugendliche ein und gründet die „Wilma-Rudolph-Stiftung", um diesen Kindern zu helfen.1994 stirbt sie an einem Gehirntumor. Der Präsident des IAAF, das ist die Abkürzung für „Internationaler Leichtathletik-Verband", würdigt sie als „eine der größten Sportpersönlichkeiten aller Zeiten".
Viele Schulen und Straßen sind nach ihr benannt.

Wilmar Rudolph gewinnt bei den Olympischen Spielen 1960 den 200-Meter-Lauf.

Beantworte die Fragen in kurzen Sätzen!

An diesen Stellen sollst du die entsprechende Zeile im Text finden und eintragen!

Wann wird Wilma Rudolph geboren?

Zeile ______

Wie viele Geschwister hat sie?

______

Hatte Wilma eine unbeschwerte Kindheit? ☐ ja ☐ nein

Warum nicht?

______

Warum kann Wilma Rudolph nicht mehr laufen?

______

Was tut ihre Familie für sie?

______

Mit wie vielen Jahren kann sie wieder gehen?

Zeile ______

Welche Sportart betreibt sie nach ihrer Krankheit?

Zeile ______

Wer ist Ed Temple?

______

Wie viele Goldmedaillen gewinnt sie bei den Olympischen Spielen in Rom?

______

Bist du schon einmal 100 Meter gesprintet? ☐ ja ☐ nein

Versuche das mal und stoppe die Zeit! Viel Spaß!

Welchen Spitznamen erhält Wilma Rudolph und warum?

______

______

Was passiert 1994?

____

Woran erkrankt Wilma Rudolph 1994?

____

Welche Adjektive treffen am ehesten auf die Lebensgeschichte von Wilma Rudolph zu?

Kreuze mehrere an!

☐ spannend ☐ langweilig ☐ unglaublich

☐ traurig ☐ herausragend ☐ besonders

Wilmar Rudolphs drei Goldmedaillen

Stelle dir vor, du bist Reporter und sollst kurz beschreiben, wer Wilma Rudolph war!

Wilma Rudolph

Wilma Rudolph war ____

____

____

____

____

____

____

____

____

____

____

Autor: Dein Name ______________________________